I0384907

Love
I love you

I ♥ u

LOVE

Love me
Kiss me

Love

YOU
Love

home
sweet
home

Love You

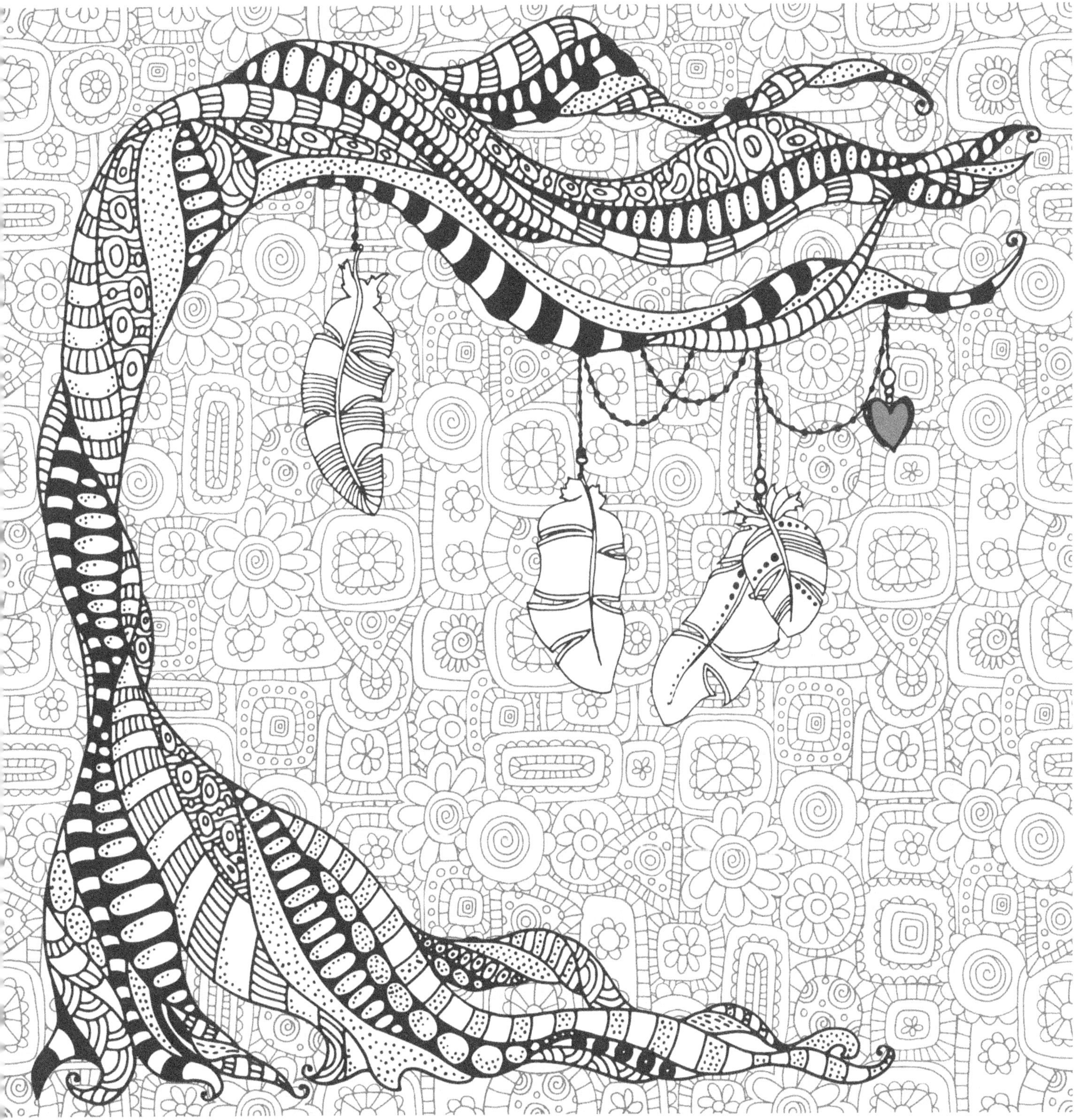

Love

Happy
Valentine

Happy Valentine's Day!

LOVE

for my
love

LOVE

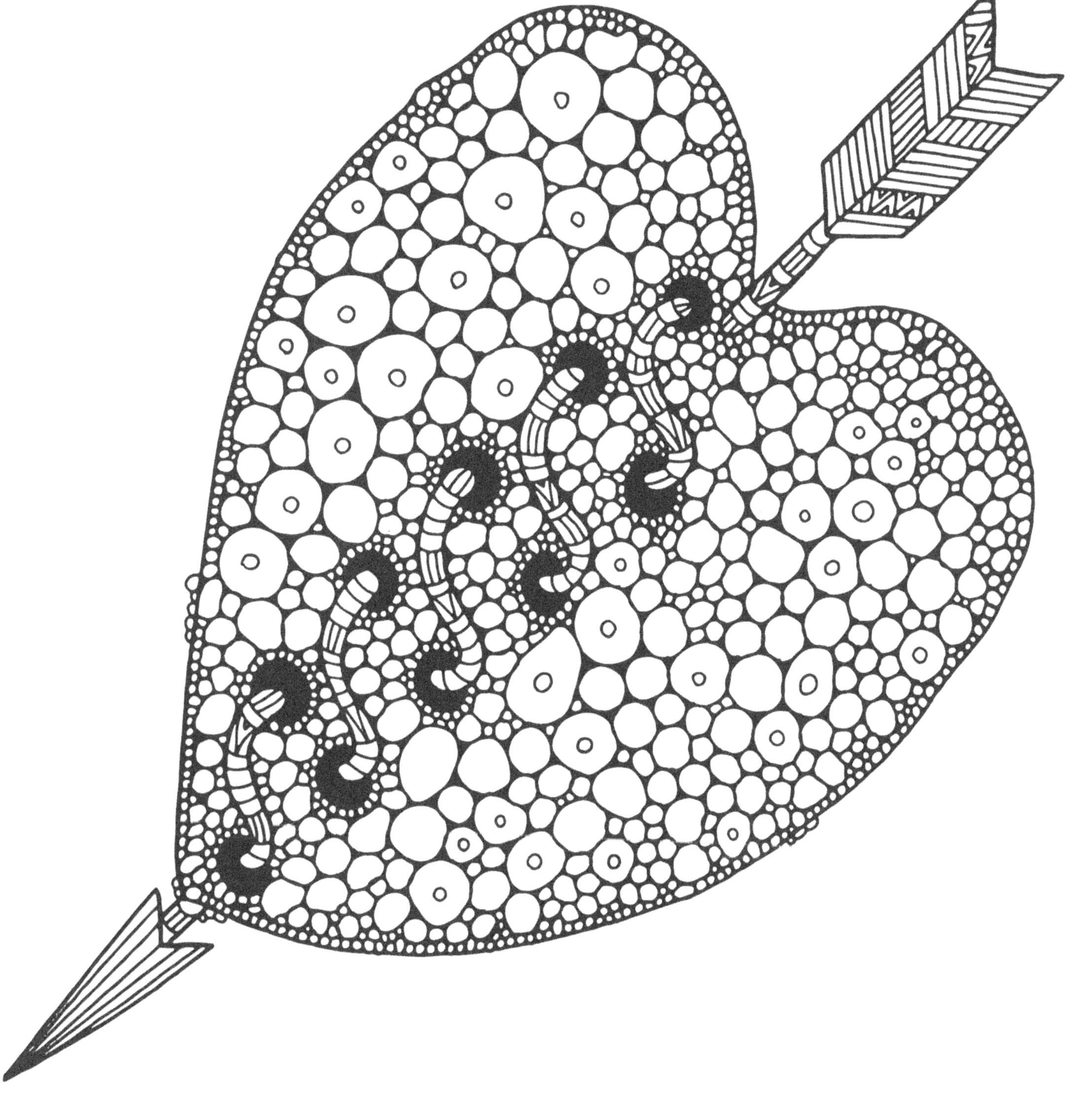

I LOVE YOU
HAPPY VALENTINE'S DAY!

www.ingramcontent.com/pod-product-compliance
Lightning Source LLC
Chambersburg PA
CBHW081508080526
44589CB00017B/2690
* 9 7 8 1 7 7 3 8 0 0 2 5 7 *